Inhalt

Mit der Adventszeit freuen wir uns auf die Weihnachtsmärkte, zünden Kerzen an, backen Plätzchen, schmücken den Baum und beschenken uns. Für uns sind dies äußere Zeichen von Weihnachten. Doch oft wissen wir nicht, vorher die Bräuche kommen. Vor tausend Jahren wurde die Geburt Christi ganz anders gefeiert. Nach und nach verfestigten sich einige Rituale, andere unterlagen dem Wandel der Zeit. Zudem hat das „heilige Köln" eigene Traditionen hervorgebracht.

Auf drei Spaziergängen durch die Kölner Innenstadt werden Sie die unterschiedlichen Advents- und Weihnachtsbräuche, ihre Geschichte und ihre Hintergründe näher kennen lernen. Sie orientieren sich an der gleichnamigen Führung des Vereins der Kölner Stadtführer, für die ich sie zusammengestellt habe. Bei der Niederschrift musste einiges dem Rotstift zum Opfer fallen, etwa Geschichte der hl. Lucia und ihre Verehrung in Köln oder die ereignisreichen Legenden der Heiligen Martin, Barbara und Nikolaus. So werden Sie noch manches erfahren, wenn Sie sich einer meiner Führungen anschließen (Info: 0221/932 72 63). Doch auch wenn Sie sich auf eigene Faust auf den Weg durch die geschmückten Straßen Kölns machen, die Weihnachtsmärkte und Kirchen besuchen, Augen, Ohren und Nase offen halten, werden Sie erleben können, wie Advent und Weihnachten in der Vergangenheit und heute gefeiert werden.

Sowohl für die Lektüre als auch für einen Spaziergang durch das weihnachtliche Köln brauchen wir Muße, Entspannung und die Möglichkeit zu uns zu finden, um die wesentlichen Dinge des Lebens zu erfassen.

Ilona Priebe

Lichter geschmückte Weihnachtsmärkte gehören heute in die Adventszeit. In Köln blicken sie allerdings auf eine recht junge Tradition zurück. Den Weihnachtsmarkt auf dem Roncalliplatz am Dom gibt es erst seit 1995.

1

Vorweihnachtliche Boten

Die Gabenbringer Martin, Barbara und Nikolaus

Vor der romanischen Kirche Groß St. Martin schuf Theo Heiermann für eine Stele die Szene, wie der römische Soldat Martinus mit dem Bettler seinen Mantel teilt. 1998 erbarmte sich ein unbekannter Bürger des frierenden Bettlers und nahm ihn wohl mit nach Hause. Für Ersatz sorgte der Architekt Joachim Schürmann. Er leitete den Wiederaufbau von Groß St. Martin und plante die Neugestaltung des ehemaligen Klostergeländes.

Vorherige Doppelseite:
In Köln kennen die Kinder organisierte Martinsumzüge erst seit 1925.

Route 1

Von Groß St. Martin, über den Weihnachtsmarkt auf dem Alter Markt und vorbei an Klein St. Martin erreicht man St. Maria Lyskirchen. Nach einem Abstecher zum Rheinauhafen führt der Weg wahlweise zurück zum Diözesanmuseum am Roncalliplatz oder – ein kleiner, aber lohnender Umweg – zunächst zum ehemaligen Kartäuserkloster. Dort kann man von der nahe gelegenen Haltestelle „Ulrepforte" mit der Bahn zum „Dom/Hauptbahnhof" und weiter zum Diözesanmuseum gelangen.

Adventskranz, Weihnachtsbaum, Weihnachtsmärkte, Glühwein, Plätzchen und andere Leckereien gehören für uns heute untrennbar zur Advents- und Weihnachtszeit dazu. Dabei ist diese Art zu feiern noch recht jung, zumal in Köln. Früher begann die Adventszeit bereits mit dem 11. November, dem Martinstag. Sie war ausgerichtet auf die „Ankunft des Herrn" (lat. adventus, die Ankunft), also auf den Tag der „Erscheinung des Herrn", Epiphanie (6. Januar). Wie vor Ostern gab es vor dem Epiphanientag eine vierzigtägige Fastenzeit. Da Sonn- und Samstage von den Fastengeboten ausgenommen waren, war der 11. November der letzte

„Rechtstag". Das Gesinde konnte bis zu diesem Tag kündigen oder auch durch den Herrn gekündigt werden. Da in der Fastenzeit nicht geheiratet werden durfte, war der Martinstag auch der letzte Tag im Jahr, an dem Heiratswillige den Bund der Ehe eingehen konnten. Gründe genug, dass sich der Martinstag im Gedächtnis der Menschen einprägte.

Am Rheinufer, inmitten der Kölner Altstadt, erhebt sich die romanische Kirche Groß St. Martin. Hier wird wahrscheinlich schon seit dem frühen Mittelalter der Bischof Martin von Tours verehrt. Nach dem Zweiten Weltkrieg, als Groß St. Martin wieder aufgebaut werden sollte, fanden Grabungen unter der Kirche statt. Man stieß auf die Fundamente römischer Hafenhallen (horreae). Eine von ihnen, die unter der heutigen Kirche, wurde in nachrömischer Zeit recht aufwendig dekoriert. Man vermutet, dass bereits die Franken hier ihrem „Lieblingsheiligen" eine Kirche weihten.

Martin wurde als Sohn eines römischen Tribuns um 316 in Sabaria (heute Ungarn) geboren. Mit etwa 15 Jahren trat er in den Dienst der römischen Armee ein, als Soldat kam er nach Gallien, dem heutigen Frankreich. Wohl vor den Toren von Amiens hat sich die Geschichte abgespielt, die heute noch in den Martinsumzügen aufgeführt wird: Dort teilte Martin seinen Soldatenmantel kurz entschlossen mit dem Schwert und reichte eine Hälfte dem frierenden Bettler. Im Traum erschien ihm Christus als eben dieser Bettler. Martin wurde daraufhin Christ und zog sich als Einsiedler auf die Insel Gallinaria bei Genua zurück. Die Legende erzählt, dass sich der fromme Martin, als er zum Bischof von Tours ausgerufen werden sollte und ihn Männer von Gallinaria fort holen wollten, unter den Gänsen

Der Glaskünstler Hermann Gottfried widmet die Ostkonche des romanischen Kleeblattchors in Groß St. Martin dem Patron der Kirche. Die Begebenheit mit der Mantelteilung hat sich wohl vor den Toren von Amiens abgespielt.

Martinsumzüge mit selbst gebastelten Laternen, einem Heiligen Martin hoch zu Ross und dem Martinsfeuer sind heutzutage für Kölner Kinder um den 11. November ein typisches Erlebnis. Früher feierten die Menschen den Martinstag ganz anders.

versteckte. Doch die Gänse sollen so laut geschnattert haben, dass sie den frommen Mann verrieten. Ob die Gänse deswegen am Martinstag immer noch für den Verrat büßen müssen?

Vermutlich hat die „Martinsgans" jedoch einen anderen Hintergrund: Da früher der 11. November auch der „Zinstag" war, brachten die Lehnsabhängigen ihren Zehnt oft in einer vorgeschriebenen Anzahl von Gänsen dar. Verständlich, dass am Vorabend der Fastenzeit noch einmal ein knuspriger Gänsebraten aufgetragen wurde! In Köln wurde die Gans für den mittelalterlichen Festschmaus am Martinsabend mit Äpfeln, Rosinen und Kastanien gefüllt.

Martin von Tours starb am 8. November 397, drei Tage später, am 11. November wurde er begraben.

Später berichtete Gregor von Tours (573-594), der Kölner Bischof Severin habe sich auf einer Prozession befunden, als er auf einmal innehielt, weil er wunderschöne Engelschöre vernahm. Er hatte die Vision, dass die Engel Martins Seele in den Himmel trugen. So gibt es eine ganz besondere Beziehung zwischen dem Patron der christianisierten Franken und Köln. Der Merowingerkönig Chlodwig (481–511) – an den in der Kölner Südstadt namentlich der Chlodwigplatz erinnert – ernannte Martin zum Schutzheiligen der fränkischen Könige.

Heutzutage gehören für die Kinder selbst gebastelte Laternen, prasselnde Feuer, besinnliche Martinslieder und der hl. Martin hoch zu Ross ganz selbstverständlich in die Zeit um den 11. November. Früher gab es solche organisierten Martinsumzüge nicht. Allerdings gingen Jungen gerne in kleinen Gruppen – angeführt von einem „Zintmätesmännche", der auf den Schultern eines anderen Knaben ritt – von Haus zu Haus, um sich Nahrungsmittel oder Geld zu erbetteln. Für ihre „Martinslampen" höhlten die Kinder Kürbisse oder Rüben aus. Im Rheinland sind die ersten Martinsumzüge erst Ende des 19. Jahrhunderts in Düsseldorf belegt. Der Schulrektor des Kölner Stadtteils Humboldt griff die Idee auf und initiierte am 10. November 1925 den ersten Martinszug in Köln.

Nach dem Martinsumzug erhalten die Kinder einen Weckmann. Eine solche Figur aus Weizenmehlteig ist ein „Gebildebrot", das den Heiligen darstellt. Doch warum ziert den Bischof aus Tours eine Tonpfeife? Ursprünglich wurde der Heilige mit seinem Bischofsstab dargestellt. Dieser war zum Zeichen, dass Martin verstorben war, mit der Krümme nach

Den Kindern ist der Heilige Martin vor allem durch den Martinsweck bekannt. Doch welches Kind weiß, dass der Weckmann ein „Gebildebrot" ist und warum der Martin eine „Pief", eine Tonpfeife, hat? Hauptsache er schmeckt!

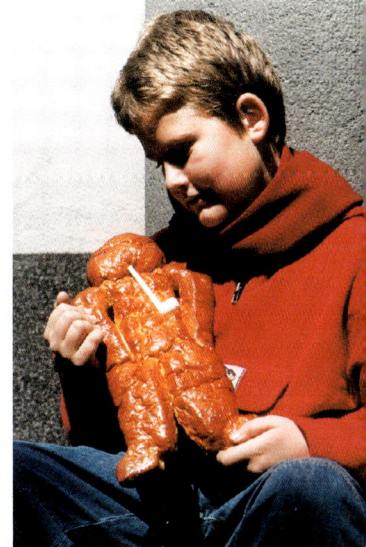

In der unweit des mittelalterlichen Hafens gelegenen romanischen Kirche St. Maria Lyskirchen
erbaten sich lange Zeit Schiffer,
Flößer und Fischer Beistand von
ihrem Patron St. Nikolaus. Die
Gewölbemalereien der südlichen
Kapelle zeigen Szenen aus dem
Leben und Wirken des Heiligen.
Die Kirche ist berühmt wegen
ihrer hervorragenden spätromani-
schen Gewölbemalereien, die
trotz der Kriegsschäden erhalten
blieben.

innen und nach unten angebracht. Die Westerwäl-
der Pfeifenbäcker hielten eine Tonpfeife für dekora-
tiver als den Bischofsstab – ihre Idee fand reißen-
den Absatz.

Kaum ein Kind möchte den hl. Nikolaus missen, der
Spielzeug und Süßigkeiten bringt, früher waren es
vor allem Nüsse, Äpfel und „Kamelle". Am Rheinufer
steht die kleine romanische Kirche St. Maria Lyskirchen, in der die südliche Kapelle Nikolaus gewid-
met ist. Vom nahe gelegenen Hafen kamen hierhin
vor allem Schiffer, Flößer und Fischer, um sich von
ihrem Patron Beistand zu erbitten. Die Gewölbemalereien dieser Kapelle – ursprünglich um das Jahr
1270 entstanden, im 19. Jahrhundert restauriert –
zeigen acht Szenen aus dem Leben und Wirken des
heiligen Mannes. In der nordöstlichen Gewölbekap-
pe wird die Geburt des Nikolaus dargestellt. Die Legende will wissen, dass Nikolaus schon als Säugling
sehr fromm war, weil er an den Fastentagen, mitt-
wochs und freitags, die Mutterbrust nicht mehr als
einmal am Tag genommen habe.
Die nächste Szene zeigt, wie Nikolaus zum Bischof
von Myra ernannt wurde. Dieser Bischof starb um
350 in Lykien (Türkei). Über diesen Heiligen gibt es
viele Legenden, doch sind sie mit Berichten über
den gleichnamigen Abt des in der Nähe von Myra
gelegenen Sionsklosters verwoben. Dieser Nikolaus,
der spätere Bischof von Pinara, starb am 10. Dezember 564 in Lykien. Beide wurden für ihre Fröm-
migkeit, Nächstenliebe und Mildtätigkeit gerühmt.
Schon im 6. Jahrhundert war Nikolaus der volks-
tümlichste Heilige der griechischen Kirche und
wurde besonders im byzantinischen Reich verehrt,
seit dem 8. Jahrhundert auch in Rom. Die byzanti-

nische Prinzessin Theophanu, die 972 Kaiser Otto II. heiratete und deren Sarkophag in der romanischen Kirche St. Pantaleon ruht, förderte den Kult des Heiligen auch nördlich der Alpen. Eine der ersten Nikolauskirchen wurde 1024 in Brauweiler bei Köln gegründet. Nachdem 1087 Kaufleute die Gebeine des Heiligen von Myra nach Bari in Süditalien gebracht hatten, wuchs seine Verehrung in ganz Europa.

Zahlreiche Legenden ranken sich um ihn, welche auch in St. Maria Lyskirchen abgebildet werden: So erzählt eine, Nikolaus sei in Seenot geratenen Schiffern erschienen und habe ihr Schiff sicher geführt, bis sich der Sturm gelegt hatte. Diese Szene finde sich in der südöstlichen Kappe der Nikolauskapelle. Hans Lünenborg erinnert in den Chorfenstern an die „Schülerlegende" von den drei Jungen, die ein Wirt aus Habgier ermordete und einpökelte. Der hl. Nikolaus fand die Drei aber auf wundersame Weise und erweckte sie wieder zu Leben. – Eine Nikolaus-Skulptur mit Pökelfass gab es im unvollendeten Dom im südlichen Chor. Früher kletterten die Jungen in der Adventszeit auf abenteuerliche Weise über einen Beichtstuhl zu dieser Nikolaus-Skulptur, um ihren Wunschzettel in das Fass zu werfen. Keine leichte Aufgabe für die Eltern, die Wünsche der Kleinen zu erfahren!

Hans Lünenborg schuf die modernen Glasfenster für St. Maria Lyskirchen, die 1986/87 eingesetzt wurden. Im rechten Apsisfenster ist der Schifferpatron an Mitra und Bischofsstab zu erkennen. Die Brote rechts von ihm erinnern an die Legende, dass er die Menschen von Myra vor einer Hungersnot bewahrte.

Der Weihnachtsmann, dem wir überall in der Werbung und auf den Weihnachtsmärkten begegnen, ist eine Kunstfigur. Mit dem einstigen Heiligen hat er nichts gemein.

Unweit der Kirche St. Maria Lyskirchen grüßt seit 1956 von der Hafenmole am Imhoff-Stollwerck-Schokoladenmuseum ein in Stein gehauener Nikolaus mit Mitra und Bischofsstab die Schiffer. Ursprünglich war die 1780 geschaffene Figur etwas weiter südlich am Bayenturm angebracht.

Persönlich überreichte Nikolaus den Kindern die Geschenke erst, nachdem sie ein Gedicht aufgesagt hatten und er sich vergewissern konnte, dass in seinem dicken schlauen Buch keine Klagen über die Kinder vermerkt waren. Denn sonst gab es die Rute. So spielte der heilige Mann in der früheren Pädagogik eine wichtige Rolle. Damit er aber nicht die Doppelfunktion „Gabenbringer" und „Bestrafender" einnehmen musste, wurde ihm Knecht Ruprecht oder Hans Muff zur Seite gestellt. Historisch ist diese Person allerdings nicht belegt.

Der Kölner Ratsherr Hermann von Weinsberg berichtet, seine beiden Neffen hätten am Vorabend des Nikolaustages ihre Schuhe aufgestellt und von „St. Niklas" Kuchen, Zuckerzeug, Äpfel, Göbbelcher (schmal gewundenes Weizengebäck mit Tonpfeifchen) und Geld erhalten. 1566 war einer seiner Neffen am 6. Dezember zum Kinderbischof ernannt worden. Die Wahl des „Kinderbischofs" am Nikolaustag war ein – nicht nur für die Kinder – aufregendes Ereignis. Dieser durfte – ursprünglich am Tag der Unschuldigen Kinder (28. Dezember) – Bischof spielen und die Erwachsenen abstrafen.

Auf den Weihnachtsmärkten warme rote Mützen verteilend, dekorativ in Schaufenstern stehend oder an Hausfassaden hochkletternd, entdecken wir häufig einen „Nikolaus" im roten Mantel mit meist weiß abgesetzter Kapuze. Diese Kleidung hat mit der ursprünglichen Darstellung des Heiligen als Bischof nichts gemein. Eigentlich handelt es sich um einen Weihnachtsmann, eine Kunstfigur, die sich langsam entwickelte. Da Martin Luther die Auftritte eines verkleideten Nikolaus als unchristlich empfand, führte er 1535 die Bescherung der Kinder durch den „heiligen Christ" an Weihnachten ein. Bald brachte entweder das „Christkind" oder der „Weihnachtsmann" die Gaben. Der Karikaturist Thomas Nast schuf 1860 einen Weihnachtsmann in rotem Gewand und mit Rauschebart. Schließlich entdeckte Coca-Cola „Santa Claus" für sich: 1932 entwarf ihr Illustrator Haddon Sundblom einen dicken, gutmütigen Weihnachtsmann, der in seinem roten Kapuzenmantel mit weißem Pelzbesatz – eben den typischen Coca-Cola-Farben – die Welt eroberte.

Eigentlich ist Barbara Vorbotin von Nikolaus. Doch es gibt kaum Kirchen, die ihr geweiht sind. In Köln weist eine Kirche in Neu-Ehrenfeld das Patrozinium der hl. Barbara auf, außerdem die frühere Kartäuserkirche. Dort hatte vor dem Baubeginn der neuen Klosterkirche 1334 bereits eine kleine Kapelle zu Ehren der Heiligen gestanden. Eine Reliquie überließen die Kartäuser 1373 den Minoriten, zu deren besonderen Predigten strömten die Gläubigen vor allem am Barbaratag. 1393 wurde die einschiffige Kirche St. Barbara geweiht, für die kostbare Altäre wie der Thomasaltar und der Kreuzaltar des Bartholomäus-Meisters von Kölner Bürgern gestiftet wurden (heute im Wallraf-Richartz-Museum). Den nicht mehr vollständig erhaltenen Baukomplex des Kartäuserklosters zeichnet noch heute eine Atmosphäre aus, die an seine spätmittelalterliche Entstehung erinnert.
Unser Weg führt uns weiter zum Diözesanmuseum, denn hier können wir noch Skulpturen der hl. Barba-

Das Diözesanmuseum beherbergt eine um 1500 entstandene Skulptur der hl. Barbara. Ihr zu Füßen Dioskuros, ihr Vater, wie er vom Blitz getroffen wurde.
Das ehemalige Kartäuserkloster St. Barbara zeigte früher eine Reliquie der Heiligen, die Anfang des 4. Jahrhunderts ihr Martyrium erlitten haben soll.

Zur Adventszeit gehören für uns heute die Weihnachtsmärkte. Dabei blicken sie in Köln anders als in München, Dresden oder Nürnberg auf keine mittelalterliche Tradition zurück. Um so erstaunlicher, weil Köln damals die größte und die reichste Stadt in Deutschland war. Oder waren gerade dies die Gründe fremde Händler abzuweisen?

ra sehen. Eine um 1500 am Niederrhein entstandene Holzfigur stellt die Heilige dar: Sie trägt einen – zeitgenössischen gotischen – Turm mit Zinnenkränzen mit drei Fenstern. Was hat es damit auf sich?
Der Legende zufolge sperrte Dioskuros seine Tochter Barbara in einen Turm, damit sie nicht mit dem Christentum in Berührung kam. Während seiner Abwesenheit ließ Barbara ein dreigeteiltes Fenster in den Turm einbauen und erklärte ihm bei seiner Rückkehr, es sei ein Zeichen für die Dreifaltigkeit und dafür, dass sie Christin sei. Bevor der Vater sie vor einen Richter bringen konnte, entfloh sie. Ihren Verfolgern entkam sie, indem sich auf wundersame Weise ein Berg öffnete und sie barg. Ein Hirte verriet aber ihr

Versteck. Als der Vater die Tochter eigenhändig mit dem Schwert enthaupten wollte, traf ihn der Blitz. Kaiser Maximian ließ sie wohl 306 hinrichten.

Der Einbau des Turmfensters machte sie zur Patronin der Bauleute, aufgrund der Flucht in den Felsen verehren sie die Bergleute. So gilt der Barbaratag bei der RWE Rheinbraun AG als besonderer Festtag. Übrigens ist auch der Muster-Bergwerkstollen in der Kölner Universität nach ihr benannt. Wegen des Blitzschlages, der den Vater tötete, ernannte die Artillerie die Heilige zu ihrer Schutzpatronin. Selbst unter den evangelischen Preußen war der 4. Dezember bei den Kölner Artilleristen „nach Kaisers Geburtstag" der höchste Feiertag, der „ohne Dienst festlich begangen" wurde.

Barbara als Gabenbringerin ist in Köln bereits um das Jahr 1500 belegt: Am 4. Dezember erhielten die Stiftsdamen von St. Ursula eine „cremia di sucero", außerdem Brezel und Kerzen. Später brachte „Zint Bärbel" den Kindern Süßigkeiten – aber nur in geputzte Schuhe! Standen sie nicht glänzend poliert vor der Tür, lag darin am nächsten Tag ein Stück Kohle. Außerdem sammelte die Heilige ramponierte Puppen ein, die am Weihnachtsabend wieder in alter Schönheit unter dem Christbaum lagen.

Da der Barbaratag zu den Lostagen zählt, wurden geschnittene Obstzweige ins Wasser gestellt: Waren die Zweige am Weihnachtstag voll erblüht, brachte das kommende Jahr Glück und Wünsche gingen in Erfüllung. Waren die Zweige hingegen kaum erblüht, kündete sich Unheil an.

An der Südseite des Kölner Doms zeigt eine neue Steinskulptur die hl. Barbara mit Turm. Die RWE Rheinbraun AG hat die Figur der Patronin der Bergleute gestiftet.

2

Kerzenschein und Wohlgerüche

Vorherige Doppelseite:
In den vielen Büdchen auf den
Weihnachtsmärkten bieten die
Händler allerlei Weihnachts-
typisches an: Krippenzubehör,
Kerzen, Strohsterne, Kugeln.

Ein großer Kran hievt den riesigen
Weihnachtsbaum auf den Weihnachtsmarkt vor dem Dom. Noch
wirkt er ohne Lichterkette sehr
kahl. Doch das wird sich bald
ändern ...

Adventskranz, Christbaum und Weihnachtsmärkte

Route 2
Vom Dom über die Weihnachtsmärkte auf dem Roncalliplatz und
Alter Markt gelangt man via Schildergasse zu den Weihnachtsmärkten auf Neumarkt und Rudolfplatz. Zum mittelalterlichen Markt
am Schokoladenmuseum geht es über die Hohe Pforte zum Rhein
oder per Bahn vom Neumarkt oder Rudolfplatz zum Heumarkt.

Für uns sind der Adventskranz mit seinen vier
Kerzen, Lichter geschmückte Bäume und vor
allem das bunte Treiben auf den Weihnachtsmärkten fest mit der vorweihnachtlichen Zeit
verknüpft. Dabei ist dieses Brauchtum in Köln und
dem Rheinland noch gar nicht sehr alt.
Das lateinische adventus bedeutet „Ankunft des
Herrn". Die Römer verbanden damit die Ankunft des
Kaisers. Zu diesem Anlass gab es Feste und manchmal auch Geschenke an das Volk. Die Christen über-
nahmen das Wort und bezogen es auf die Ankunft
des Herrn. Bereits Papst Gregor der Große (gestorben
604) hatte die Anzahl der Adventssonntage von sechs
auf vier verkürzt. Diese Erneuerung setzte sich aber
nur schleppend durch, denn die meisten Christen
hielten an der vierzigtägigen Fastenzeit vor Epipha-

nie, am 6. Januar, fest. Als nach und nach das Fest der Christgeburt am 25. Dezember an Bedeutung gewann, unterbrach es die Fastenzeit und bürgerte sich schließlich im Laufe des Mittelalters mit den vier Adventssonntagen vor Weihnachten ein.

Der Adventskranz entwickelte sich erst in der Mitte des 19. Jahrhunderts und ist evangelischen Ursprungs. Er geht auf den Pfarrer Johann Hinrich Wichern zurück, der in dem von ihm 1833 gegründeten „Rauhen Haus" in Hamburg gefährdete Jugendliche betreute. Um ihnen die Weihnachtsbotschaft nahe zu bringen, zündete er – wohl erstmals um 1838 – ab dem 1. Advent täglich eine neue Kerze an, so dass die Zöglinge am 24. Dezember vor einem Lichtermeer standen: eindrückliches Bild für die Idee vom „Licht, das in der Finsternis leuchtet".

In den nächsten Jahren entwickelte sich langsam der Adventskranz. Wohl aus praktischen Gründen schrumpfte die Zahl der Kerzen auf vier für die Adventssonntage. Von Berlin aus, wohin Wichern 1858 versetzt worden war, verbreitete sich dieses Brauchtum ins evangelische Umland. In katholischen Regionen war es hingegen als evangelische Sitte verpönt.

Erst unter den Nationalsozialisten, die das christliche Brauchtum ablehnten, wurde ein Adventskranz auch in katholischen Familien als Zeichen des passiven Widerstands aufgestellt. In Köln soll es um 1925 die ersten Adventskränze in katholischen Familien gegeben haben, im Zweiten Weltkrieg wurde er als Symbol der Hoffnung auch in katholischen Kirchen aufgestellt. Erst nach 1945 trat er seinen Siegeszug an und ist heutzutage weder aus den Kirchen noch aus den Familien wegzudenken. Im Kölner Dom wurde zwar bereits 1953 ein

Der Adventskranz ist evangelischen Ursprungs und wurde anfangs von katholischen Christen als heidnisches oder evangelisches Brauchtum abgetan. Deswegen sehen ihn Katholiken in ihren Kirchen erst seit wenigen Jahrzehnten. Hier ziert er die romanische Kirche St. Maria Lyskirchen.

Adventskranz aufgestellt, allerdings in der Sakristeikapelle, die nur für Andacht und Gebet zugänglich ist. Nach Wilhelm J. Schlierf gab es erstmals 1988 in der Vierung einen riesigen Adventskranz. Er ist mit violetten Kerzen und Bändern als Zeichen der Buße dekoriert, in den evangelischen Kirchen – wie der Antoniterkirche in der Schildergasse – finden wir häufig rote Kerzen und Zierbände als Zeichen der Liebe und des Lebens, als Blutsfarbe, aber auch als Hinweis auf den Opfertod Christi.

Vor dem Dom, auf den Terrassen von Café Reichard, steht ein gigantischer Weihnachtsbaum, meistens mit vielen Päckchen, roten Schleifen und vor allem vielen (elektrischen) Kerzen geschmückt – und nur wenige Schritte weiter ein zweiter riesiger Baum vor dem Brauereiausschank „Früh am Dom". Noch größer ist der Christbaum in der Mitte des Weihnachtsmarktes auf dem Roncalliplatz. Wenn Kölner Schulklassen solche öffentlichen Weihnachtsbäume gestalten, dann fehlen fast immer die elektrischen Kerzen. Diese Christbäume vermitteln einen Eindruck, wie die ersten geschmückten Bäume ausgesehen haben,

Öffentliche, geschmückte und beleuchtete Weihnachtsbäume gibt es in Köln erst seit Beginn des 20. Jahrhunderts. Dieser kommt – denkt man sich die elektrischen Kerzen weg – den ersten geschmückten Bäumen sehr nahe.

die in der Schweiz und im Elsass standen. Dekoriert waren sie mit bunten Papierblumen, Äpfeln, vergoldeten Nüssen, Oblaten, teilweise mit Zischgold und Zuckerwerk, manchmal wohl auch mit Puppen. Kerzen sind erst für 1621 in Südtirol bezeugt. Für die Kinder war der 6. Januar besonders aufregend, denn sie durften dann den „Gabenbaum schütteln", also plündern.

Der Weihnachtsbaum verbreitete sich langsam, in evangelischen Gegenden hielt er schneller Einzug in die guten Stuben als in die katholischen. Nicht selten wetterten katholische, aber auch evangelische Geistliche gegen das neue Brauchtum, das „heidnischen Ursprungs" sei, denn ursprünglich galt der Baum in den unterschiedlichen Religionen als ein Zeichen des Lebens oder des Vegetationsgottes. So war der Weihnachtsbaum in katholische Kirchen erst spät anzutreffen; dort baute man stattdessen die Krippe auf.

In Köln dürfte es solche buntgeschmückten „Chreßbäume" seit Mitte des 19. Jahrhunderts gegeben haben. Als um 1870 industriegefertigte bunte Glaskugeln erschwinglich wurden, trat der Weihnachtsbaum seinen Siegeszug an. Die erste Adresse für ausgefallenen Christbaumschmuck war das Geschäft von Peter Wilhelm Feldhaus in der Schildergasse. Erstmals 1854 erstanden die Kölner bei ihm Kerzenhalter, 1883 trumpfte er mit den ersten gläsernen Baumspitzen auf. Für den süßen essbaren Baumbehang sorgte Franz Stollwerck, der seit 1845 mit großen Weihnachtsausstellungen warb.

Aus den ursprünglich roten Äpfeln am Weihnachtsbaum wurden rote Kugeln, die man schließlich durch bunte Glaskugeln ersetzte. Der Apfel erinnert an Eva, die vom verbotenen Apfelbaum naschte

Kaum einer kann sich dem Zauber der Weihnachtsmärkte entziehen ...
Weihnachtsgrußkarten und -geschenke in den Familien kamen im 19. Jahrhundert auf. In Köln ließen sich die Gebrüder Stollwerck immer eine besondere Überraschung einfallen. An dem karg geschmückten Weihnachtsbaum auf der Pralinenpackung ihrer Firma kann man erkennen, wie sich der Lichterkult im Laufe der Jahrzehnte entwickelt hat.

Die illuminierte Stadt übt in unseren Tagen zur Weihnachtszeit ihren ganz eigenen Reiz aus. Ehe es die Glühbirne gab, waren Städte und Dörfer stockduster, sobald die Sonne untergegangen war.
Schon auf dem ersten Kölner Weihnachtsmarkt im 19. Jahrhundert war ein Karussell zur Belustigung der Kinder vorgeschrieben.

Rechte Seite:
Die Weihnachtsbüdchen auf dem Alter Markt erinnern an die ersten Holzhütten auf dem Nikolaimarkt.

und mit Adam aus dem Paradies vertrieben wurde. Die Strohsterne am Baum weisen auf das Stroh in der Krippe des Kindes, Lametta als stilisiertes Engelshaar auf den Verkündigungsengel. Die Kerzen stehen für das „Licht der Welt", das Gott den Menschen gab.

Beim Gang über den Weihnachtsmarkt am Dom umgibt uns der Duft von heißem Glühwein, kandierten Äpfeln, frisch gebackenen Reibekuchen, knusprigen Spekulatius; dazu rührselige Weihnachtslieder. Hier wie einige Hundert Meter weiter auf dem Alter Markt verlocken die Leckereien zum Naschen, ausgefallene Handwerkerwaren inspirieren zum Kaufen, Behalten und Verschenken. Dabei hat Köln – verglichen mit Nürnberg, München oder Dresden – eine recht junge Weihnachtsmarkttradition. Denn im Mittelalter waren der 1310 erstmals erwähnte Münchner Christkindlmarkt und der seit 1434 existierende Dresdner Striezelmarkt bereits berühmt wegen des Spielzeugs, aber auch wegen Naschereien wie Nüsse, Mandeln und Marzipan. Im 17. Jahrhundert kam der Nürnberger Christkindlmarkt hinzu.
Der Wunsch nach einem Weihnachtsmarkt wurde in Köln Anfang des 19. Jahrhunderts geboren. Ob er dem preußischen Militär und aus Berlin zugereisten Beamten zu verdanken ist, deren Weihnachtsmarkt sich besonderer Beliebtheit erfreute, oder aber den Kaufleuten, die einen neuen Absatzmarkt witterten, sei dahingestellt. 1820 war es soweit: Die Kölner schlenderten über ihren Weihnachtsmarkt und konnten „Lekersch", Leckereien wie Mürbegebäck, und Nüsse erstehen. „De Hötte" – wie die Buden auf dem Alter Markt und dem südlichen Heumarkt im

In vielen Holzbüdchen auf den Weihnachtsmärkten finden die Besucher weihnachtstypischen Schmuck, besonderes Kunsthandwerk oder Leckereien.
Im Jahr 2002 gab es in Köln erstmals einen Weihnachtsmarkt auf einem Schiff der Köln-Düsseldorfer-Schifffahrtsgesellschaft.

Volksmund genannt wurden – fanden immer mehr Zuspruch, auch auswärtige Kaufleute zog es zur Weihnachtszeit nach Köln auf den „Nicolaimarkt". Dieser war zwar von der Stadtverwaltung geduldet, wurde offiziell aber erst 1837 von der preußischen Provinzialregierung in Koblenz genehmigt. In der damaligen Verordnung wurde – neben der Dauer des Nicolaimarkt vom 1. Dezember bis zum 1. Januar – festgelegt, dass nur „in Köln wohnende gewerbetreibende Feilbieter" ihre Waren, hauptsächlich Spiel- und Esswaren, anpreisen durften. Die „Verabreichung von geistigen Getränken" war dagegen verboten. Die Größe der „Hötte", die aus Holz gezimmert sein mussten, war ebenfalls geregelt: Sie durften nicht mehr als „zehn bis 20 Fuß lang in der Front und sieben Fuß tief sein". Die hölzernen Büdchen auf dem Alter Markt spiegeln die damalige Atmosphäre noch am besten wider. Als durch die Umgestaltung des Heumarktes der Nicolaimarkt störte, fand er am 31. Dezember 1885 zum letzten Mal statt.

Es folgten mehrere Versuche, den Weihnachtsmarkt wieder zu beleben, so 1923 auf dem Neumarkt und nach der Wirtschaftskrise 1930 auf dem Heumarkt. Nach dem Zweiten Weltkrieg regte 1969 Oberbürgermeister Theo Burauen einen Weihnachtsmarkt auf dem Neumarkt an. Im November 1970 eröffnet, fand er begeisterten Zuspruch. Einige Jahre später (1977) wurde der zweite Weihnachtsmarkt auf dem Alter Markt ins Leben gerufen. Nachdem 1995 der dritte auf dem Roncalliplatz vor dem Dom seine Pforten öffnete, ging es Schlag auf Schlag: 1997 je einer auf dem Rudolfplatz und auf dem neu gestalteten Wiener Platz sowie der Bethlehem-Markt in Porz; 2000 der Mittelaltermarkt am Schokoladenmuseum und 2001 der Bethlehem-Markt auf dem

Wallrafplatz. Im selben Jahr lockte – vor allem an kalten, nassen Tagen – der Weihnachtsmarkt auf einem Schiff der Köln-Düsseldorfer.

Schlendert man von Markt zu Markt, erkennt man schnell, dass jeder seine eigene Atmosphäre und ein ganz individuelles Angebot an Kinderspielzeug, ausgefallenem Schmuck, kunsthandwerklichen Produkten und Leckereien hat. „Woosch" (Bratwurst) gab es bereits auf den ersten Weihnachtsmärkten, damals aber sicher noch nicht in der „thüringischen Variante". Die langen Schlangen vor der „Rievkochebud", besonders vor der auf dem Alter Markt, sprechen Bände, dazwischen Gerüche von vielen exotischen

Auf dem mittelalterlichen Weihnachtsmarkt am Schokoladenmuseum können die Besucher frisch gebackene Kräuterstangen und dazu würzigen Glühwein probieren. Andere Händler locken mit Eunuchenkuchen, Kokostalern oder Sultansternen.

Früher war die Adventszeit – anders als heute – Fastenzeit. Naschereien gab es erst zu Weihnachten oder sogar erst nach Epiphanie, dem 6. Januar. Heutzutage ist nur noch wenigen Menschen die Bedeutung von Printen, Spekulatius oder Lebkuchen geläufig.

Das Hexenhäuschen hat ursprünglich zu Weihnachten keinen Bezug. Öfters wurde aber in dieser Zeit für Kinder die Oper „Hänsel und Gretel" aufgeführt. Aus typisch weihnachtlichem Lebkuchen schufen liebevolle Mütter gerne Hexenhäuser wie dieses, das im Café Eigel zu bewundern ist.

Spezialitäten. Seit einigen Jahren können sich die Besucher des Weihnachtsmarktes auf dem Roncalliplatz an speziellen „Dom-Spekulatius" laben. Wer gerne bäckt, ersteht eine „Spekulatius-Model" und fabriziert für seine Lieben selbst gefertigten Spekulatius. Auf dem Mittelaltermarkt erleben die Besucher, wie man in früheren Zeiten Brot backte, Körbe flocht oder Jungfernkränze schmückte. Für das leibliche Wohl sorgen Eunuchenkuchen, Kokostaler oder Sultansterne.

Wenn wir heute Plätzchen, Printen oder Spekulatius naschen, ist uns ihre ursprüngliche Bedeutung als Heilige oder Symbole, die mit einem bestimmten Fest in Verbindung standen, sicher nicht mehr bewusst. Hergestellt wurden sie aus besonders teuren Zutaten, dazu gehörten die exotischen Gewürze Koriander, Zimt, Anis oder Kardamom genauso wie Zucker. Printenmänner, auf Kölsch „Hellijemannskäälcher", und Marzipanbischöfe zeigen den hl. Nikolaus. Das Wort „printen" geht auf das niederländische prenten („drücken") zurück. Ursprünglich wurde ein mit edlen Gewürzen und Kandiszucker verfeinerter Lebkuchenteig in Model gedrückt. Als die Bäcker später den Kandiszucker durch den billigeren Sirup ersetzten, war der Teig flüssiger und wurde ohne Model in eine länglich rechteckige Form gebracht, die sie mit Zuckerguss – später auch mit Schokolade – überzogen. Ein ohne Model gefertigtes symbolhaftes Gebäck war ein „Gebildebrot". Der Christstollen ist ein solches, denn sein Teig wird „eingeschlagen" und der gebackene Stollen, weiß gepudert, gleicht dem in Windeln gewickelten Jesuskind. Stollen sind bereits seit dem ersten Drittel des 14. Jahrhunderts bekannt. Am berühmtesten ist der

Dresdner Stollen: Auf ein Kilo Mehl kommen mindestens 750 Gramm Trockenfrüchte (Rosinen, Korinthen, Zitronat, Orangeat) sowie hundert Gramm Mandeln.

Woher der Name Spekulatius rührt, ist nicht genau zu klären. Es mag auf die aus dem Lateinischen stammende Bezeichnung „Speculator" von speculare („spähen, sehen") zurückzuführen sein. Der heilige Nikolaus wusste bei seinen Hausbesuchen, ob die Kinder brav gewesen waren. Andererseits könnte die Bezeichnung auf das Niederländische speculaas zurückgehen, zusammengesetzt aus spec, das soviel wie „Zuckerwerk" bedeutet, und claas als Hinweis auf Santa Claus.

Manche Forscher bringen den Namen Marzipan mit Venedig und dem heiligen Markus, dem Schutzpatron der Stadt, in Verbindung. Eine Legende erzählt, die Venezianer baten den hl. Markus während einer Hungersnot um Hilfe. Überraschend gab es Mehl und sie konnten kleine Brote backen, die sie zu Ehren des Heiligen marci panis („Markusbrot") nannten. Später, als es ihnen wieder gut ging, verwendeten sie für diese Brote teuerste Zutaten. Seither gehörte die Herstellung von Marzipan zur höchsten Bäckerkunst: Mandeln aus Sizilien oder Apulien mussten geschält und in Granitmörsern zu einem Brei gestampft werden. In diesen fügte man den teuren Zucker, dann wurde die Substanz in Pfannen geröstet. War die Masse abgekühlt, mengte man Puderzucker und Rosenwasser unter. Dieses Gebäck gehörte seit jeher in die Weihnachtszeit. Seit 1407 wird Marzipan in Lübeck hergestellt, kurze Zeit später in Hamburg und Königsberg. Weite Verbreitung – auch bis nach Köln – fand es durch die wirtschaftlichen Beziehungen der Hanse.

Seit einigen Jahren gibt es auf dem Weihnachtsmarkt am Dom eine besondere Leckerei: Dom-Spekulatius. Statt des heiligen Nikolaus präsentiert das knusprige Knabbergebäck den stolzen Dom.

3

„Kreppche luure"

Vorherige Doppelseite:
Die jüngste Krippe in Köln steht seit 2001 in St. Andreas und ist ein Geschenk der Kölner Brauer. Deswegen liegt das Jesuskind auch in einem Bierfass. Handwerker aus der Brauwirtschaft bringen dem Kind ihre Gaben dar. Die Figuren schuf die Bildhauerin Hildegard Neunkirchen.

Ab dem 1. Adventsonntag zeigen manche Kölner Geschäfte und viele Innenstadtkirchen ihre herausragenden Künstlerkrippen. Ganz selten sind Wachsfiguren wie hier in St. Pantaleon. Seit einigen Jahren finden sich Krippen sogar in evangelischen Kirchen.

Von der Christgeburt zu den Weisen aus dem Morgenland

Route 3

Vom Kölner Dom geht es zunächst zu den Kirchen St. Mariä Himmelfahrt, Minoritenkirche und St. Maria in den Trümmern, dann weiter zu Rathaus und Gürzenich. Von dort ist ein Abstecher zu St. Cäcilien und St. Peter möglich. Über St. Maria im Kapitol und St. Maria Lyskirchen erreicht man das Schokoladenmuseum.

Auf diesem Weg lohnt sich immer ein Abstecher in die Kirchen, alle stellen sehenswerte Krippen aus, von denen hier nur einige wenige vorgestellt werden. Wer mehr oder alle Krippen sehen möchte, dem bietet das Buch „Kölner Krippengänge" von Yvonne und Thomas Plum (J.P. Bachem Verlag) ausführliche Informationen.

Alle fiebern auf das große Fest am 24. Dezember hin und treffen ihre Vorbereitungen: Geschenke auswählen, Plätzchen backen, den Festtagsschmaus besorgen. Auch Nicht-Christen finden sich zusammen und feiern. Viele genießen die ruhige Zeit zwischen Weihnachten und Neujahr.

Ein Erlebnis ist die Christmette im Kölner Dom. Viele Gläubige kommen zwei Stunden vor Beginn, um sich einen Sitzplatz zu sichern. An diesem Tag liegt

dann endlich das Christkind in der Krippe, bis dahin ist das Holzgestell leer geblieben. Doch woher wissen wir, dass Christus am 25. Dezember geboren wurde? Aus dem Weihnachtsevangelium können wir es jedenfalls nicht erfahren.

In vielen Kulturen wurde die Zeit der Wintersonnenwende um den 21. Dezember besonders gefeiert. Allein im römischen Reich huldigten die Menschen verschiedenen Lichtgottheiten. Anhänger des Mithras gedachten seiner Geburt aus einem Felsen. Da der Lichtgott stark von Soldaten, Legionären, aber auch Kaufleuten verehrt wurde, verbreitete sich der ursprünglich in Kleinasien beheimatete Kult bald im gesamten Römischen Reich. In Köln hat man an der Südseite des Doms ein Mithräum, einen Kult-

Die Domkrippe von Barbara und Theo Heiermann führt den Betrachter vom Einst zum Jetzt: Der römische Tempel deutet die Römerzeit an, die Ursprünge Kölns, aber auch des Christentums. Damals verehrten die Menschen um den Zeitpunkt der Wintersonnenwende verschiedene Gottheiten. Einer der Gründe, weshalb die frühen Christen die Geburt Jesu auf den 25. Dezember legten.

Die Milieukrippe in St. Maria Lyskirchen zeigt Menschen der Pfarre in den 1920er-Jahren. Pfarrer Gottfried Kirsch gab sie in Auftrag, Heinz Kuhle schuf die Gliederfiguren. Statt der Weisen aus dem Morgenland stehen ab dem 6. Januar Sternsinger an der Krippe. Seit einigen Jahren kommen neue Figuren hinzu. Im Januar 2002 war es das „Jeckebääntche", ein Narr, der früher im Karneval nicht fehlen durfte.

raum aus dem 2. Jahrhundert n. Chr. gefunden. Andere Römer feierten den unbesiegbaren Sonnengott Sol invictus, der seinen Wagen wendete und die Tage wieder länger werden ließ. Als Staatsfest hatte es Kaiser Aurelian 274 eingeführt. Bei den Germanen wurde in der Zeit der Wintersonnenwende das zwölftägige Julfest begangen und man gedachte des Fruchtbarkeitsgottes, der die Natur wieder zu Leben erweckte.

Die frühen Christen sahen sich folglich in der Zeit der Wintersonnenwende umgeben von unterschiedlichen Feierlichkeiten. Deswegen wurde versucht, ein eigenes „christliches" Fest zu schaffen. Dazu diente beispielsweise die so genannte Berechnungshypothese, die davon ausging, dass Jesus in einer besonderen Zeit wie die Tag- und Nachtgleiche zum Frühlingsanfang gezeugt worden war. Rechnet man neun Monate weiter, war Wintersonnenwende. Papst Liberius (352-366) legte das Fest der Christgeburt auf den 25. Dezember, eine Weihnachtspredigt von ihm wird 354 erwähnt. Die erste Weihnachtspredigt im römischen Kalender ist aber schon für das Jahr 336 belegt – und in Köln genau 50 Jahre später, 386. Die zunehmende Bedeutung des Weihnachtsfestes wird deutlich durch herausragende Ereignisse, die auf den 25. Dezember gelegt wurden: An diesem Tag ließ sich 498 der Frankenfürst Chlodwig taufen und Karl der Große 800 in Rom zum Kaiser krönen. Schließlich wird das Weihnachtsfest mit der Mainzer Synode von 831 offiziell eingeführt.

Die Bezeichnung „Weihnachten" kommt erst später auf, sie ist als „ze wîhen naht" (in den geweihten/heiligen Nächten) in einem Text des Dichters Spervogel um 1180 belegt. Ansonsten wird das Fest als

„Geburtstag unseres Herrn" oder „Geburt des Heilands" bezeichnet, in den lateinischen Texten ist von natalis oder dies nativitatis die Rede. Gefeiert wurde im Kreis der Familie, aber ohne Geschenke. Gemeinsam ging man zur „Chreßmette" und aß anschließend zusammen. Denn zu Weihnachten war auch immer Schlachttag. Gerne setzte man sich zum „Kindleinwiegen" zusammen: In einer Holzkrippe, an der Bändchen befestigt waren, lag das Jesuskind. Durch das Ziehen der Bänder wurde die Krippe geschaukelt – ein Brauch, der sich lange in Kloster- und Stiftskirchen hielt. In den Bursen bekamen die Kölner Studenten, wenn sie am 25. Dezember abends zusammensaßen, „Wein und Weck". An beiden haben sie sich sicher reichlich gelabt, denn am folgenden Tag ruhte der Universitätsbetrieb.

Heute unvorstellbar, aber bis 1797 hielten die Ratsherren an Weihnachten eine ihrer wichtigsten Sitzungen im Rathaus ab. Sie bestimmten nämlich das „Gebrech": die 36 von den Zünften ernannten Ratsherrn wählten 13 zusätzliche, an denen es „gebrach", so dass sie die ungerade Anzahl von 49 Ratsherrn erhielten. Der Kölner Ratsherr Hermann von Weinberg erwähnt mehrmals, dass der Rat an Heiligabend tagte, am 24. Dezember 1565 wird er zum Inhibitions- und Urteilsmeister gewählt. Zwei Jahre später, am „Christabend" 1567, beklagt er sich, dass „ihm kein Offizium gegeben" worden sei. Weihnachtsfeiern mit Tannenbaum und Geschenken kommen in den Familien erst um 1800 auf.

Bis ins 17. Jahrhundert zelebrierte der Erzbischof in Köln die „Chreßnacht" auf eine besondere Art. So berichtet Josef Klersch, in Köln habe sich das Abhalten der drei Metten an diesem hohen Feiertag

Selten sieht der Betrachter in modernen Darstellungen Maria im Wochenbett. Dem Mittelalter war dies Motiv geläufiger: hier im Freskenzyklus von St. Andreas, der um 1325 entstand. Das Jesuskind ist so gewickelt, wie es bis ins 19. Jahrhundert üblich war, nämlich bis zum Kopf hinauf. Josef wohnt der Szene schlafend bei.

Der Künstler Karl Matthäus Winter fertigte 1963 die Bronzetüren von St. Andreas und zeigt die Christgeburt in fast klassischem Ambiente. In den frühen christlichen Darstellungen fanden sich beim Kind zunächst nur Ochs und Esel.

Die romanischen Holztüren in St. Maria im Kapitol zählen zu den ältesten in Deutschland. Der linke Türflügel widmet sich der Kindheits- und Jugendgeschichte Jesu bis hin zur Taufe im Jordan. Baulich greift die romanische Kirche den Kleeblattchor der Geburtskirche Christi in Bethlehem auf.

wie folgt abgespielt: „Nach dem 9. Responsorium der Mette wurde der Erzbischof, in einer Sänfte nach St. Maria im Kapitol getragen. Alle seine Edlen begleiteten ihn. Hier sang er die erste Messe und teilte dem Kapitel die Kommunion aus. Nach der Messe erhielt er ein weißes Maultier von der Äbtissin, ein paar weiße Handschuhe von der Dechantin, einen seidenen Beutel mit drei Gulden im Wert von sieben turonischen Groschen von der Unterpröpstin sowie eine Kerze im Wert von drei Talenten und eine Stola von der Schatzmeisterin."

Der Kleeblattchor der romanischen Kirche St. Maria im Kapitol, die Äbtissin Ida im 11. Jahrhundert errichten ließ, zitiert die Geburtskirche in Bethlehem. Daher rührt ihr hohes Ansehen. Wahrscheinlich zur Weihe 1064 erhielt die Stiftskirche die wunderschönen Holzportale, die noch heute zu bewundern sind und deren linker Türflügel die Weihnachtsgeschichte in vielen Details erzählt.

Nach der Messe in St. Maria im Kapitol ritt der Erzbischof auf dem Maultier ins nächste Damenstift, St. Cäcilien, und las die zweite Messe. Nach den Stiftsstatuten des 14. Jahrhunderts schenkte ihm die Äbtissin einen Schimmel, auf dem er zum Dom ritt, wo er die Frühmette zelebrierte.

Bis vor wenigen Jahren wurde in St. Cäcilien – die romanische Kirche beherbergt das Museum Schnütgen – eine Weihnachtsmette gefeiert. Wenige Schritte von der ehemaligen Stiftskirche entfernt liegt die Pfarrkirche St. Peter. Dort drängen jedes Jahr viele Familien mit Kindern zum Weihnachtsgottesdienst am Nachmittag, denn hier wird die alte Tradition des Krippenspiels wachgehalten. Das Besondere aber ist, dass in der Krippe lebendige Tiere zu sehen sind. An Heiligabend 2001 gab es ein einzigartiges Erlebnis,

denn etwa hundert Kommunionkinder als „Engelchen" ausstaffiert, schwebten von den Emporen zu
den Gläubigen hinab.

Heutzutage ist für die meisten Kinder der Heiligabend der Tag, an dem sie ihre Geschenke erhalten.
Bis vor etwa zweihundert Jahren brachte in einer
katholischen Stadt wie Köln der Nikolaus die Geschenke, am Heiligabend war keine Bescherung.
Doch gab es in manchen Familien „Offergeld", Klei-
nigkeiten für das Gesinde und die Hausfrau. Diesem
entspricht vielleicht das so genannte „Neujähr-
chen", das heute noch manche Postboten und Müll-
männer erbitten. Denn bis ins 16. Jahrhundert galt

Am Heiligenabend 2001 warteten
etwa hundert Kommunionkinder
als „Engelchen" ausstaffiert auf
ihren Einsatz in der gotischen
Pfarrkirche St. Peter. Wenig
später schwebten sie von den
Emporen zu den Gläubigen hinab.

Weihnachten teilweise als der Neubeginn des Jahres. Der Kölner Ratsherr Hermann von Weinsberg erlebte den Wechsel spürbar; er konnte sich nur schlecht entscheiden, ob nun an Weihnachten oder am 1. Januar das neue Jahr begann.

Der Reformator Martin Luther (1484-1546) lehnte die verkleidete Figur des Nikolaus, der den Kindern Geschenke brachte, als unchristlich ab und führte stattdessen den „Heiligen Christ" als Gabenbringer ein. In katholischen Gegenden wie Köln war es aber weiterhin der Nikolaus, der die Kinder beschenkte. Es gibt Hinweise, dass es in Bürgerfamilien um 1800 eine Bescherung an Weihnachten gab. Bezeugt ist dies für Köln durch den Stadtrat Eberhard von Groote, der bis 1821 von – teilweise sehr großzügigen – Geschenken zu St. Nikolaus berichtet. Dann, am 25. Dezember 1822, schreibt er jedoch: „Unsere Kinder sind sehr vergnügt bei den Weihnachtsgeschenken von Tante Herwegh." Als von Groote 1830 Präsident der Armenverwaltung wird, sind allerdings weder für Nikolaus noch für Weihnachten Geschenke oder eine besondere Speisung für die Armen und Waisen bezeugt. Um so mehr ist nachvollziehbar, welche Anziehungskraft der Unternehmer Franz Stollwerck 1845 ausübte, als er am 22. Dezember nicht nur zu einer Weihnachtsausstellung mit festlich illuminiertem Weihnachtsbaum einlud, sondern auch eine Bescherung für Groß und Klein anpries. Später ließen sich die Söhne des Schokoladenfabrikanten zu Weihnachten gerne eine besondere Verkaufsattraktion einfallen. Für das Weihnachtsfest 1903 boten sie einen Phonographen an, auf dem Schokoladenplatten abgespielt werden konnten. Für die Tonaufnahmen hatten sie Künstler aus dem In- und Ausland gewinnen

Spekulatius und Glühwein sind beliebte Naschereien auf den Weihnachtsmärkten.

Linke Seite:
Für das Weihnachtsgeschäft 1903 boten die Gebrüder Stollwerck einen Phonographen an, auf dem Schokoladenplatten abgespielt werden konnten. Er ist heute noch im Imhoff-Stollwerck-Schokoladenmuseum zu bewundern.

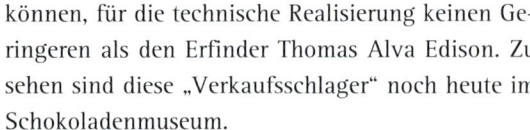

Wer das Silvesterfeuerwerk mit Blick auf das Kölner Altstadtpanorama und den Dom genießen will, muß sich rechtzeitig einen Platz auf der rechtsrheinischen Seite sichern, der „Schälsick", wie die Kölner gerne sagen. So bunt wie heute ging es ja früher nicht zu. Aber geböllert wurde schon immer gerne. Man half sich mit Pistolenschüssen oder Trompeten und Trommeln.

können, für die technische Realisierung keinen Geringeren als den Erfinder Thomas Alva Edison. Zu sehen sind diese „Verkaufsschlager" noch heute im Schokoladenmuseum.

In Köln sorgt seit etwa 40 Jahren für das Wohl der Obdachlosen Schwester Helene Siebert. Sie lädt zu einer Weihnachtsfeier in den Alten Wartesaal im Hauptbahnhof ein, bei der auch Geschenke, meist warme Kleidung, verteilt werden. Im Jahr 2001 hatten sich einige hohe Persönlichkeiten wie Oberbürgermeister Fritz Schramma bereit erklärt, die Bedürftigen zu bedienen. Eine Geste, die herzlich aufgenommen wurde.

Ein vergnügliches Fest für die Kinder war am 28. Dezember das Kinderbischofsspiel. Am Tag der Unschuldigen Kinder, der seit dem 5. Jahrhundert an den Kindermord zu Bethlehem erinnert, spielten sie die Erwachsenen und durften diese – die in die Rolle der Kinder schlüpfen mussten – mit Rutenhieben bestrafen oder mit Worten abkanzeln. Das war die Revanche für den ungerechten Kindermord. Da am Nikolaustag ein Junge zum Kinderbischof ernannt wurde, verlagerte sich später das Spiel in die Vorweihnachtszeit. Kölner Mütter ließen bevorzugt am 28. Dezember ihre Kleinkinder segnen. Besonders beliebt war dieser Ritus in der Minoritenkirche, in der man Reliquien der Unschuldigen Kinder zeigte.

Seit jeher verabschieden die Menschen das vergangene Jahr und begrüßen das neue. Lange Zeit hatte man sich an die Regelung Karls des Großen gehalten, der den Jahreswechsel auf Weihnachten gelegt hatte, während es im Römischen Reich der 1. Januar war. Offensichtlich hielten sich nur wenige daran,

dass im 15. Jahrhundert der 1. Januar als Jahresbeginn offiziell festgelegt worden war. Wir hatten bereits gehört, dass der Kölner Ratsherr Hermann von Weinsberg noch im 16. Jahrhundert sich nicht recht entscheiden mochte, wann er das neue Jahr beginnen ließ. Da es früher kein Feuerwerk gab, begrüßte man das neue Jahr mit Trompeten, Trommeln und Läuten der Kirchenglocken; später gesellten sich Pistolenschüsse dazu. Geböllert wurde schon immer gerne. Will man heute das grandiose Feuerspektakel am Rheinufer erleben, sollte man sich rechtzeitig einen Platz auf den Innenstadtbrücken – oder besser noch – auf der rechtsrheinischen

Kardinal Joachim Meißner sendet Sternsinger aus, die für Kinder in der Dritten Welt sammeln. Dieser Brauch wurde erst nach dem Zweiten Weltkrieg wieder belebt. Im Mittelalter erbettelten sich verkleidete Schüler, Handwerker und Gesellen auf solchen Heischegängen ein Zubrot. Viele Kinder lieben es, in exotischen Gewändern die Weisen aus dem Morgenland nachzuahmen.

Haben die Sternsinger in einem Haus gesungen, vermerken sie ihren Besuch mit C+M+B samt der Jahreszahl am Haus: „Christus mansionem benedict" (Christus segne unser Haus) bedeuten die geheimnisvollen Zeichen.
Das Dasein als Sternsinger kann ganz schön anstrengend sein. Eine kleine Ruhepause tut gut.

Seite zwischen der Hohenzollern- und der Deutzer Brücke sichern. Steht man in Domnähe, vernimmt man den alles übertönenden Ton vom „decke Pitter", der Domglocke von 1923.

Zum Neujahrstag waren lange Zeit kleine Geschenke üblich gewesen, vor allem an das Dienstpersonal, aber auch Kaufleute und Handwerker lohnten die Treue ihrer Kunden mit kleinen Aufmerksamkeiten. Ernst Weyden berichtet um 1850, dass es in Kölner Wirtschaften für die Stammgäste eine Zitrone oder eine Muskatnuss zum Bier gab. Gerne wetteiferten die Kölner, sich gegenseitig „et Neujöhrche avzoge-wenne". Das Zuvorkommen des Neujahrsgrußes sollte wohl vor einem dämonischen Fluch des anderen schützen oder diesen unwirksam machen. „E glöck-sillig Neujohr" wünschte man sich übrigens, wie Josef Klersch schreibt, „bis zum 21. Januar, dem Fest der hl. Agnes".

Wer am 2. Januar zwischen neun und zehn Uhr in Domnähe ist, kann eine bunte, als Sternsinger verkleidete Kinderschar, in den Kölner Dom ziehen sehen. Hunderte kommen aus Köln und Umgebung, um vom Kardinal ausgesendet zu werden, für Kinder in der Dritten Welt zu sammeln. Bereits im 16. Jahrhundert verkleideten sich Schüler, aber auch Handwerker oder Gesellen und zogen singend von Haus zu Haus, um für sich Gebäck oder Geld zu erheischen. Da diese Betteltouren aber überhand nahmen, wurden sie verboten. Erst nach dem Zweiten Weltkrieg wurde der Brauch des Sternsingens wiederbelebt. Über die Türen der Besuchten schreiben die Sternsinger mit Kreide C+M+B. Die Buchstaben stehen nicht für die Namen Caspar, Melchior und

Balthasar, sondern für den Segensspruch „Christus mansionem benedicat", das bedeutet „Christus segne dieses Haus".

Der 6. Januar ist mit Epiphanie das nächste Hochfest in der Weihnachtszeit. Lange Zeit war es das wirklich wichtige Fest, so noch heute in der orthodoxen Kirche. In den katholischen Gegenden werden die Weisen aus dem Morgenland verehrt, im Kölner Dom können die Gläubigen sogar die Reliquien erspähen, wenn sie nach dem Hochamt am Schrein vorbeiziehen, denn an diesem Tag ist er geöffnet. Doch wieso ruhen die Weisen in Köln? Helena, die Mutter Kaiser Konstantins des Großen, entdeckte auf einer Pilgerfahrt nach Bethlehem die Gebeine der Weisen aus dem Morgenland. Sie ließ sie nach Konstantinopel bringen, von dort wurden sie im 4. Jahrhundert nach Mailand überführt.

Nur an Epiphanie, dem 6. Januar, können Gläubige einen Blick auf den geöffneten Dreikönigenschrein werfen und versuchen, die Schädelreliquien der Weisen aus dem Morgenland zu erspähen. Seit 1164 weilen sie in der Domstadt. Für sie wurde zunächst der Schrein und schließlich der Dom in prächtigen gotischen Formen geschaffen.

Durch die „Dreikunnigepoorz" unterhalb von St. Maria im Kapitol sollen im Juli 1164 die Gebeine der Weisen aus dem Morgenland in die Stadt gebracht worden sein. Das damalige „Weltereignis" wurde eine Woche lang in der Stadt gefeiert.

Nachdem der Kölner Erzbischof und Reichskanzler Rainald von Dassel 1162 Kaiser Friedrich Barbarossa bei der Niederschlagung des Aufstandes der Mailänder unterstützt hatte, erhielt er als Dank die Reliquien der Heiligen Drei Könige. Diese Bezeichnung hatte sich mittlerweile eingebürgert, obwohl Matthäus im Weihnachtsevangelium lediglich von den „Weisen aus dem Morgenland" spricht. Da sie aber drei Geschenke – Gold, Weihrauch und Myrrhe – mitbrachten, schloss bereits der Theologe Origenes (um 185 – 254) darauf, dass es wohl drei gewesen seien. Die Namen Caspar, Melchior, Balthasar erhielten sie erst im 6. Jahrhundert.

In Köln wurden sie bald als Volksheilige und als erste christliche Könige verehrt. Die deutschen Könige zogen, nachdem der Kölner Erzbischof sie im Dom zu Aachen gekrönt hatte, nach Köln und stellten sich mit dem Gebet am Dreikönigsschrein in die Tradition dieser Könige. Pilger erhielten am Dreikönigtag lange Zeit besondere Ablässe. Das von ihnen gespendete Geld wurde zunächst für den kostbaren Schrein verwendet. Der berühmte Goldschmied Nikolaus von Verdun begann 1181 das Werk, dessen Vollendung 1225 er aber nicht mehr erlebte. Als der Wunsch nach einem prächtigen Bau für den Schrein aufkam, flossen die Spenden in das ehrgeizige Unternehmen des gotischen Dombaues, für das im Jahr 1248 Erzbischof Konrad von Hochstaden den Grundstein legte. Doch 1560 wurden die Bauarbeiten schließlich eingestellt und erst im Zuge der Romantik 1842 wieder aufgegriffen. Die Brüder Boisserée hatten die alten Baupläne in Darmstadt und in Paris entdeckt und so war es möglich, den Kölner Dom bis 1880 in etwa so fertig zu stellen, wie er ursprünglich geplant war.

Als die Reliquien in einer feierlichen Prozession am 23. Juli 1164 in die Stadt Köln gebracht wurden, heißt es, sie seien durch das Dreikönigenpförtchen, die „Dreikunnigepoorz", bei St. Maria im Kapitol getragen worden, vorbei am Kleeblattchor, der an die Geburtskirche Christi in Bethlehem erinnert. Wenn dem so war, wird die Prozession durch das Vorgängertor gezogen sein, denn das heutige gotische Pförtchen geht auf das 14. Jahrhundert zurück. Wahrscheinlich waren die Reliquien zuvor in die Schifferkirche St. Maria Lyskirchen gebracht worden und man hatte dort einen Dankgottesdienst abgehalten. Dies mag der Grund dafür sein, dass an der dortigen Westwand noch eine hervorragend erhaltene Malerei aus dem 13. Jahrhundert die Anbetung der Weisen aus dem Morgenland darstellt. Der mittlere Magier weist auf den vielzackigen Stern im oberen Rand der Malerei. Ein solcher Stern findet sich auch auf den Holztüren in St. Maria im Kapitol und als Bekrönung des Dachreiters des Kölner Doms. Die Darstellung des Sterns als Komet kommt im 14. Jahrhundert auf. Giotto di Bondone hatte den Halleyschen Kometen gesehen, den er dann 1303 in der Kapelle zu Padua in die Szene der Christgeburt malte.

Am Dreikönigstag wurden gerne große Bälle abgehalten, seit dem 15. Jahrhundert vergnügten sich die Kölner im Gürzenich. Bohnenkönig war, wer die

Die Anbetung der Weisen aus dem Morgenland an der Westwand in St. Maria Lyskirchen entstand wohl um 1230. Der jüngste der Heiligen Drei Könige deutet auf den Stern von Bethlehem, der ihnen den Weg zu Jesus zeigte. Der vielzackige Stern steht diagonal über dem Haupt der Maria. Kometendarstellungen finden erst zu Beginn des 14. Jahrhunderts Eingang in die Kunst.

Bildhauer Karl-Heinz Stoll schnitzt eine heilige Familie aus Lindenholz. Er steht in einer langen Tradition von Krippenschnitzern.
Viele Kölner Innenstadtkrippen sind bereits ab dem 1. Advent zu sehen. Manche stehen bis Mariä Lichtmess, 2. Februar. In unterschiedlichen Szenen bringen sie die Weihnachtsgeschichte nahe, wie hier etwa die Herbergssuche in der Domkrippe. Die Figuren schufen Barbara und Theo Heiermann.

Bohne fand, die in dem Bohnen- oder Königskuchen versteckt war. Er durfte eine Königin wählen. In manchen Kölner Familien ist es noch heute Brauch, am 6. Januar einen Bohnenkuchen zu essen. Darin sind drei Bohnen versteckt, zwei weiße und eine schwarze. Die so ermittelten „Könige" werden durch Kronen geehrt und das Gesicht des „schwarzen" wird mit Ruß angemalt.

Einem alten Kölner Brauch entspricht es, nach Weihnachten „Kreppche zu luure" (Krippen anzuschauen). Meistens zogen die Großeltern mit den Enkeln von Krippe zu Krippe. Da die Kölner Innenstadt im Zweiten Weltkrieg fast völlig zerstört wurde, haben nur wenige Krippen die Bombardierung überstanden. Die Pfarrgemeinden baten Künstler, nachdem ihre Kirche wieder für den Gottesdienst hergerichtet war, eigens für sie eine besondere Krippe zu schaffen. So hat Köln einen einzigartigen Schatz an Krippen zu bieten.

Die plastischen figürlichen Darstellungen der Christgeburt werden im deutschsprachigen Raum seit dem 17. Jahrhundert „Krippe" genannt. Sie gehen vor allem auf die Jesuiten zurück, die im Zuge der Gegenreformation dem einfachen Volk das Weihnachtsevangelium anschaulich erfahrbar machen wollten. Zu diesem Zweck bauten sie Krippen, später führten sie mechanische Figuren ein. Welche Faszination noch heute solche Krippen haben, zeigen die mechanischen Figuren in der ehemaligen Jesuitenkirche St. Mariä Himmelfahrt, unweit des Doms. Nicht nur die Kinder sind begeistert, wenn es bei der Szene „Verkündigung an Maria" Nacht wird und der Engel Maria erscheint oder wenn Josef bei der Herbergssuche an eine Tür klopft, der obere Fensterladen aufgeht und kurz darauf wieder zugeschlagen wird. – In St. Mariä Himmelfahrt stand 1569 Kölns erste Krippe.

In den meisten Kölner Innenstadtkirchen werden die Krippen ab dem 1. Advent aufgebaut, sie zeigen unterschiedliche Szenen aus der Weihnachtsgeschichte. Besonders anmutig ist die Krippe in der Kapelle „Maria in den Trümmern", in der Kirchenruine St. Kolumba. Im Gegensatz zur Kirche hat die Krippe den Krieg überstanden. Die berühmte Kölner Krippenschnitzerin Lita Mertens schuf die liebreizenden Figuren um 1935. Für den liebevollen Aufbau der vielen Szenen sorgt der Küster Pilartz. Berühmt ist die Szene mit dem „ersten Bad des Kindes", die Pilartz nach einer Szene aus dem Clarenaltar (um 1360, heute im Dom) nachstellt. Allerdings ist Josef hier aktiv ins Geschehen eingebunden, indem er das Badewasser in die „Bütt" kippt. Obwohl es keine Gliederfiguren der Weisen aus dem Morgenland in dieser Krippe gibt, wird die Szene sehr eindrucksvoll geschildert. Am 6. Dezember finden die Besucher Gold, Weihrauch und Myrrhe in der Krippe, was vor allem für Kinder interessant ist, die Myrrhe und Weihrauch nicht kennen. Wie die meisten Innenstadtkrippen steht die Krippe in St. Kolumba bis Mariä Lichtmess am 2. Februar.

Eine besondere Attraktion ist die Darstellung des „ersten Bades des Kindes" in der Kirche St. Maria in den Trümmern. Anders als im Vorbild, dem Clarenaltar aus dem 14. Jahrhundert, dargestellt, ist Josef hier aktiv ins Geschehen eingebunden. Er schüttet das Badewasser in den Waschzuber.

In den 1920er-Jahren, als der Hafenbetrieb am Rheinufer noch florierte, lag unweit der romanischen Kirche St. Maria Lyskirchen das „Rotlichtviertel". Wen wundert es also, ein leichtes Mädchen in der Krippe zu sehen, das mit einem Matrosen anbändelt?

Seit 1997 wird auch die Milieukrippe in St. Maria Lyskirchen bereits am 1. Advent aufgebaut. Der erweiterte Krippenaufbau steht nun im südlichen Seitenschiff, so dass die Besucher die vielen Figuren, die Heinz Kuhn schnitzte, aus nächster Nähe betrachten können. Initiator der Krippe war der frühere Pastor Gottfried Kirsch, der – ein Geschenk seiner Pfarrgemeinde an ihn – selbst in der Krippe zu sehen ist. Die ursprünglichen Figuren zeigen die Notzeit in der Pfarrgemeinde St. Maria Lyskirchen um das Jahr 1926. In unmittelbarer Nähe lag der Hafen, so kommt auch ein so genannter Ringroller zur Krippe, ebenso wie eine Marktfrau mit ihren vollen Obstkörben, aber auch eine zerlumpte „Möhn" und eine Franziskanerin. Ungeniert hebt das Hündchen eines Trunkenbolds sein Beinchen an der Straßenlaterne, ein Schutzmann, „ne Kuletschhoot", ermahnt den Besitzer gütlich. Weit über Köln bekannt ist das Figurenpaar des Matrosen, der mit einem leichten Mädchen aus der Nächelsgasse anbändeln will. In den vergangenen Jahren kamen neue Figuren hinzu, so ein Apotheker und Frau Färber, die sich in der Pfarrgemeinde jahrelang hingebungsvoll um ältere Menschen kümmerte. Seit Dezember 2001 bereichert die Figur der Irma Hermann-Müller die Krippe, sie hatte die Gliederfiguren eingekleidet. Als besondere Attraktion kam dann noch „dat Jeckebääntche" aus dem Kölner Karneval hinzu. Und über dem Geschehen schwebend ein Engelchen, das verkündet: „Üch eß der Heiland jebore" (Euch ist der Heiland geboren).